The original Spanish language book, *Ese cuerpo no soy,* was winner of the *Premio Nacional de Poesía «Ramón López Velarde»* / Ramón López Velarde National Prize in Poetry, judged by Víctor Manuel Cárdenas, Carlos Ramírez, and Jorge Vega in 2014. "Al aire el cuerpo duele"/"The Body Pains the Wind," references a line from Dolores Castro's verse.

I Am Not That Body
Ese cuerpo no soy

poesía de
Verónica González Arredondo

with English translation by
Allison A. deFreese

Cover artwork by Vicka Loera

Published in the United States by
Not a Pipe Publishing
www.NotAPipePublishing.com

Trade Paperback Edition

ISBN-13: 978-1-956892-50-5

Acknowledgments

This book was first published in the original Spanish language by Área de Arte y Cultura, Universidad Autónoma de Zacatecas, México, in 2015.

The translator is grateful to the following publications in which excerpts from this translation first appeared in English, among them:
Asymptote Journal
Harvard Review
Hayden's Ferry Review
Pub House Books
Red Rock Review
and
Waxwing

Many thanks also to the National Endowment for the Arts, whose generous support made the translation of sections from this book possible.

Contenido/**Contents**

A mi madre
To my mother

Algo le duele al aire,
del aroma al hedor
(...) entre las altas
frondas de los
árboles altos (...) de
cuanto él se duele
algo me duele a mí,
algo me duele.

-Dolores Castro

Something pains the wind
from the aroma to the stench [. . .]
in the highest branches
of tall trees [. . .]
and something hurts me
as much as the wind hurts,
something hurts me,
something hurts me.

-Dolores Castro

Primavera en el Ártico
Spring in the Arctic

Yo te escribo desde donde todo camino es hacia abajo.
Yo te escribo entrando en una fosa para venir a verte.

-Dolores Dorantes

I write you from a place where all paths lead downward.
As I write you, I am entering a grave to come and see you.

-Dolores Dorantes

Primavera en el Ártico

humedad en el lugar donde era mi boca

afuera es agosto

llueve

y ni siquiera lirios han crecido en este pantano

si tan sólo pudieran sabernos
bajo los lirios de un agosto incierto
bajo la sal entera del mar
bajo el pantano de nuestra sangre
rumiando raíces

aquí

Spring in the Arctic

dampness

in the place where my mouth was

outside it is August

and raining

not even lilies have grown in this swamp

if only they knew we were here
beneath the lily beds of this uncertain August
beneath all the salt in the sea
beneath the swamp
of our own blood
chewing on the roots

here

aquellas piernas
las de la mujer que mira fijamente
recuerdan la primavera en el Ártico
un lago circundado de flores amarillas
bajo el agua sus pies
el hielo subiéndole por los huesos
aquellas piernas   aquel rostro   tan
parecido al mío

those legs
the ones belonging to the woman with the fixed stare
bring to mind spring in the Arctic,
a lake surrounded by yellow flowers
her feet underwater
as the ice rises over her bones
those legs
that face
so much like my own

ante el encuentro fortuito entre la luz del amanecer
y la germinación interminable de lirios
esta voz desconoce nombrar
como aparición
y desnombrar
como desapariciones

at a chance encounter between daybreak
and the interminable germination of lilies,
this voice does not know how to name
an *appearance*—
or to unname
a *disappearance*

a esta mujer le hiere el agua y el amarillo
aquella
y su visceral abrazo (interminable)
otra
tiene un lirio en los ojos

debería hervir una cruz en medio de nada
una señal en la llanura
aquí yace un jardín hibernal
pétalos amarillos resplandecen con terror
     de glaciares
al fondo de un lago

the water and yellow flowers
are hurting this woman,
and another
in their (endless) visceral embrace
yet another
whose eyes have a lily in them

a cross should be boiled in the middle of nowhere,
as a signal on this flat expanse:
here lies a winter garden
where yellow petals sparkle with the terror
        of glaciers
at the bottom of a lake

pido al vendaval se apiade de mis huesos pulidos
    con el filo de su aliento
apilados se levantan de la tierra en cadenas
    montañosas
cordillera de fríos incendios
 tan blanca

hay quienes piden huesos
almohadas para llorar

I ask the sharp wind
        with the blade in its breath
to please take pity on my polished bones—
stacked in piles, they rise from the earth
in mountainous
        chains
a range of cold fires, so very white

there are those who ask for bones
to use as pillows to cry on

Al aire el cuerpo duele
The Body Pains the Wind

Frontera: desierto/mar

Yo tampoco escogí venir a esta playa de cactáceas
      y luciérnagas voraces
ni escogí andar descalza con la aridez rasgando
         mi rostro

En este desierto de flor inmarcesible
todo yace aquí fosilizado

Atrapaba estrellas fugaces y piedras para lanzar
      al infinito

Yo no quería venir a este matadero
donde cuerpos navegan bajo tierra o boca abajo
      en el mar
La playa es un paso en falso:
      al fondo
            una fila de rocas

Dirán que fue suicidio

Border: Desert/Ocean

I didn't choose to come this beach of cacti
     and ravenous fireflies either;

I didn't ask to walk barefoot with the dryness scratching
     at my face

Everything lies fossilized here
in this desert where stone flowers never whither.

I was catching falling stars,
collecting pebbles
     to throw into infinity

I didn't want to come to this slaughterhouse
where bodies sail along underground,
or float facedown
     in the sea
The beach is another misstep:
          in the depths of its water
      a row of rocks

They will say it was suicide

Me arrebataron de la tierra sin ser mi tiempo
Alguien vino hacía mí con la marea violenta
penetrándome cada costa del cuerpo

Alguien me dejó por pezones dos caracolas abiertas

De este mar sangre de mi sangre
  vuela un pájaro esquelético a postrarse en el corazón
      de los míos
Esperaré despierta con el rumor del aleteo en cada
      piedra

Alguien:
cuando los alacranes me suban por las piernas
quizás encuentren tu torso mutilado en la arena

They snatched me from the earth before my time
Someone approached me with the violent tide,
entering every inlet of my body

Someone left me two open shells for nipples

From this sea of my own flesh and blood
the skeleton of a bird takes flight
to lie prostrate in the heart
        of my loved ones
And I will lie awake, listening for the whisper of its wings
in every
        stone

I say:
Someone,
when the scorpions climb up my legs
perhaps they will find your mutilated torso in the sand

Mamá, ¿qué es eso a lo lejos en el mar?

Me he preguntado a menudo si era más fácil averiguar
la profundidad del océano
o la profundidad del corazón humano.
Viejo oceáno...Tienes que decírmelo para que me alegre
al saber que el infierno está tan cerca del hombre.

-Lautréamont

Mamá, ¿qué es eso a lo lejos en el mar? Hay un animal que duerme el sueño del océano: es ciego, tiene la piel viscosa, su boca guarda hileras interminables de colmillos y, cuando bosteza, devora los astros. ¿Y a qué hora bosteza? Cuando se oculta el sol. No puede tragar fuego sin quemarse, por eso abre tan grande la boca y lo oscurece todo. Encerrado, el sol grita, pero nosotras sólo vemos las estrellas.

Mamá, what is that in the distance, far out at sea?

I have often asked myself
if it is easier to sound the ocean's depths
or to fathom the depth of the human heart.
Old ocean . . . You must tell me the answer,
for I would be happy to know
that hell is as near as man.

-Lautréamont

Mamá, what is that, far out at sea? An animal that falls asleep in the ocean's dream: It is blind; with viscous skin, and in its mouth—endless rows of fangs. When it yawns, it devours the heavens. And when does it yawn? When the sun sets. It can't swallow fire without burning itself; that's why when it opens its mouth so very wide, it makes the whole world go dark. Once trapped, the sun screams, but you and I see only stars.

**

Mamá ¿y qué es lo que está a lo lejos, lo que se ve desde aquí? Es una isla de cruces. ¿Quién las lleva hasta allá? La marea y el viento las llevan en una barca, una por cada niña o cada mujer. ¿Cómo saben que ellas no volverán? Unas están muertas en vida. Otras, cuando la playa está picada, tropiezan y se ahogan. El mar las golpea contra el acantilado hasta destrozarlas. Y yo de cuales soy: ¿de las que tropezaron o de las que mueren en vida?

**

And Mamá, what is it we can see from here, that thing far out in the distance? It's an island filled with crosses. How do they get there? The tide and wind carry them over on a boat, one for every girl and every woman. How do they know the girls and women will never return? Some are already among the living dead. When the water is choppy, others fall in and drown. The sea smashes them against the cliffs until they break apart into nothing. And me? Which kind am I? The kind who stumbles and falls in, or the kind who is dead while still living?

Epitafio

Dejan una a la vez, en cada visita. Descalza de pies, desraizada. Doncella con vestido de pétalos, multicolor. Sobre esta lápida una joven releva el cuerpo derruido de otra. Ignoran que, recién cortadas, el proceso será inminente, como hueco en un reloj de arena, acelerando el viaje al siempre otoño. Una más y otra, en cada visita.

Epitaph

They leave them, one by one, one on every trip. Barefoot, uprooted: a damsel in a dress of multicolored petals. At this gravesite, one young woman takes the place of another's wrecked body. Freshly cut, they are unaware that the next step is imminent, just as the opening into the pit of an hourglass accelerates the sands' journey toward a never-ending autumn. One and then another, one more every trip.

Caracola abierta

mudar de nombre bajo la tierra

llamarme desde otra piel

al aire el cuerpo duele

busca la lengua del eco

que me arrastra a esta voz

Open Seashell

to change names underground

to call out to myself

from within a different skin

the body pains the wind

seeks the tongue of echoes

drags me toward this voice

Infierno Cielo
Inferno Sky

Infierno Cielo

cierro los ojos
sin distinguir el infierno

alguien metió mi cabeza en la tierra
el cielo es ahora otra fosa abierta

una más y otra
sobre unas
otra
debajo unas con otras
encontradas
nosotras

Inferno Sky

I close my eyes
unable to tell if this is hell

someone shoved my head in the ground
the sky is now another open grave

one more woman,
and another
on top
of still others,
and another
below them
with others
we are
found
together

espasmo

alguna se mueve
intenta desenterrar su cabello
sacudirlo al viento
girar la cabeza

uñas púas urnas
comezón en la espalda
intento rascarme arañando piedras

a tremor

a woman is moving:
trying to unearth her hair
to shake it in the wind
to turn her head

finger-nails thorns urns
my back itches
I try to scratch it and scrape against rocks

la sal del sueño

a dos metros de profundidad se vierte cal viva
llueve
descompone lengua habla identidad
confunde

signos:
humedad en la piel labios
diagnóstico:
al contacto con el incendio de rocas
todo llaga

un cuerpo
rostro
labios
enterrado bajo sal:
nuestro nombre

the salt of sleep

six feet deep, quicklime flows
rains down
split tongue   speak identity
cause confusion

the symptoms:
dampness on the skin of the lips
the diagnosis:
when touching a rock fire,
everything blisters

a body
face
lips
buried beneath the salt:
our name

otra vez ese olor no me deja dormir
calla
son rocas hirvientes frotándose entre sí
duerme
cobíjate con la sal que nos inunda

una serpiente viene a mudarnos la piel
nos deja nada más el zurrón
una muda de piel

again, this stench won't let me sleep
silence
scalding rocks rubbing against one another
sleep
cover yourself with the salt that floods over us

a snake comes to shed our scales
leaving only a leathery sheath
a change of skin

en la espalda de mi lengua florece un nido de cabezas
    rojas
aletean
la marabunta arde en hileras
por los cuencos de mi tierra entran y salen
a destiempo
agrietadas
roen

on the back of my tongue, a nest full of heads is blooming
    red
fluttering their wings
the swarm burns in rows
coming and going through the hollows in my soil
out of sync,
split open
they gnaw

en el cielo gira un círculo de aves negras

vigías de murmullos
de manos que riegan con agua y cal viva

hierve la sangre la humareda
la rapiña desciende
una a una

contempla el cielo esta embocadura en la tierra
oasis rodeado por espinas diminutas
resguardan los espíritus nuestras uñas

in the sky black birds are circling

a sentry of whispers
as hands dampen our bodies with water and quicklime

blood boils smoke
the birds of prey descend
one by one

the sky contemplates this opening in the earth:
an oasis surrounded by tiny thorns—
the spirits protect our fingernails

encontré en mi paladar enroscado un caracol
    de arena
un vestigio de vida
mi amuleto
ilumina su ámbar mi noche

coiled on my palate I found a fossilized shell
      made of sand
a sign of life
my good luck charm
illuminating my night with its amber

La Bestia
The Beast[1]

---

[1] "La Bestia" or "The Beast," also known as "The Death Train" or "Train of the Unknowns," is a rail system that starts in Chiapas and crosses Mexico. Thousands of immigrants from Central America risk dismemberment or death from falls as they ride atop the freight cars for days while making the journey to the U.S. / Mexican Border.

CRUZA EL TERRITORIO A 160 KM/HR
es el rastro de un dedo índice pinchado
una máquina programada para devorar y transportar
su aliento lacera el cuerpo
y quienes rozan su vientre desde el ángulo impreciso
caen invariablemente en una fosa común

IT CUTS ACROSS THE LAND AT 100 MPH
leaving behind traces of blood
like a punctured finger—
a machine programed to transport and devour
its breath lacerates the body
and those who brush against its belly at the wrong angle
invariably fall into a common grave

FUE UN CALOR REPENTINO
el alargado vientre del ciempiés metálico
cruzó interminable sobre mis ojos
me levanté sin brazos ni piernas
la que fui quedó esparcida en las vías
incluso el llanto

THERE WAS A SUDDEN HEAT
when the elongated belly
of the metal centipede
made its endless journey over my eyes
I rose without arms or legs
the pieces that had been me
lay scattered on the tracks
even my cry

LA BESTIA ME JALÓ POR LOS PIES
aferrada a mis uñas
trepada en su lomo
me dijeron:
no duermas
pero nadie dijo:
no sueñes

recordé a mi padre
él jugaba a ser mi caballo
y yo a ser el viento con mi cabello
sonreíamos
aquel vaivén no podía ser otra cosa que la felicidad

el triturador de vísceras me jaló por los pies
como la bruja

THE BEAST DRAGGED ME BY MY FEET
clinging with my fingernails
I climbed onto its flank
don't sleep,
they told me,
but no one ever said:
don't dream

I remembered my father
pretending he was my horse
as I pretended I was the wind in my hair
we were both smiling
that rocking back and forth
could only have been happiness

the meat grinder dragged me by the feet
like a witch

Estancias en el extranjero

Se ha borrado la línea entre el desierto y mi cuerpo

Frontera:
¿a dónde viaja?
Documentos:
pasaporte en mano
Identifíquese:
visitante, trabajadora fronteriza
Destino:

quiero volver a mi cuerpo
llamar mi nombre
habitarme
sin otras lágrimas nuestras

Nombre:
la que sé que no soy
y me vuelvo

Ciudad de origen:
Guatemala
mis piernas
mi patria

Identificación:
con los ojos aterrados por ser reconocida
estoy
en todas partes
de la ausencia

Visits Abroad

The line separating my body from the desert has been erased

The Border:
where are you travelling?
Documents:
my passport in hand
Identity:
visiting cross-border worker
Destination:

> *I want to return to my body*
> *to call out my own name*
> *and to live inside myself*
> *without any more of our tears*

Name:
She's someone I know isn't me
so I'm returning

Place of origin:
Guatemala City
my legs
my homeland

Identification:
with these eyes terrified of being recognized
I am
everywhere
where there is absence

Pase de abordar:
aquí
me disuelvo

No importa dónde estemos
renaceré para nombrar el mar
A pan y agua
este vuelo se abrió para nosotras
este vuelo
no la pertenencia

Boarding pass:
this is where
I dissolve

No matter where we are
I will be reborn to name the sea,
With rations of bread
and the water this flight opened for us
this flight
not belonging

El vuelo de un pájaro autómata desciende
Cierro los ojos
Alarma de extravío
luces rojas
El calor repentino me invade
fragmenta mis huesos
Destino final:
el fuego

The robotic bird in flight descends
I close my eyes
at the alarm of going astray
flashing red lights
The sudden heat
overwhelms me
splintering my bones
Final destination:
Fire

En Medio Oriente
In the Middle East

LAS MUJERES LLEVAN LAS MANOS BORDADAS
DE TINTA
puntadas con flores y lunas en su curvatura del trazo
en palmas y rostro
una escritura evoca la azarosa voluntad de la parvada
desde el cuerpo la permanencia del signo habla:

Ave soy
pasajera eterna del vuelo

THE WOMEN'S HANDS ARE EMBROIDERED WITH
INK
stitched with moons and flowers in the curve of a
brushstroke
on their palms and face
a script evoking the unpredictable will of the flock
from the body, the permanence of the symbol speaks:

I am a bird
the perpetual passenger on this flight

*ESTA ES LA HABITACIÓN DONDE ME
QUEMARON VIVA
alguien lanzó ácido a mi rostro
otro
gasolina
uno más prendió el cerillo
cerraron la puerta
no pudieron matarme
por las noches me invade el humo
soy este pedazo de carne que camina
lejano olor a incendio*

en esta habitación vivimos todos

THIS IS THE ROOM WHERE THEY BURNED ME ALIVE
someone threw acid in my face
another
gasoline
still another lit the match
they closed the door
they could not kill me
at night the smoke enters me
I am this walking piece of meat
I am the distant smell of fire

we all live in this room

Señas particulares
Distinguishing Features

Indefinidamente la escritura
en la silueta de un mundo abandonado.

-María Negroni

*Writing persists
even in the silhouette of an abandoned world.*

-María Negroni

Señas particulares

¿la reconoce?

sus pupilas
tienen la mirada en un lago estático
cabello y uñas desprendidos

cuello
en el lado izquierdo
pigmentación de hoja o trébol

líneas punteadas en manos

entre los dedos costuras
en la pierna derecha sus iniciales

brota en su espalda una serie de triángulos

epidemia de profundas incisiones

Distinguishing Features

do you recognize her?

her pupils
gazing into a still lake,
nails and hair detached

the left side of her
neck
discolored from clover or foliage

dotted lines on her hands

seams between the fingers
her initials stitched on her right leg

an outbreak of triangles spreads along her back

an epidemic of deep incisions

resta en posición de abrazo con el viento:
de una amapola a una abeja o de una abeja
     a una amapola

su boca abierta
ahorcajada
traga grito y arena

remaining in position, wrapped in an embrace with the
wind:
from a poppy to a bee or a bee
     to a poppy

her mouth open
straddled
swallowing sand and scream

tiene miedo cada vez que abren la fosa
de quedarse sin suspiros

la trajeron desierta
un cuervo la había ya desventrado
le cerró con un beso los ojos y su recuerdo del Ártico

aquí viene sin saber abrazar el infierno

each time they open the grave
she fears growing breathless

they brought her, desert her,
a raven had already left her gutted
its kiss closing her eyes, her memories of the Arctic

she comes here without knowing how to embrace hell

La que sé que no soy y me vuelvo
She's Someone I Know Isn't
Me So I Am Returning

Manual de buenas prácticas en la escena del crimen

1.) *Favor de no tocar a la víctima*
ni dejar en el lugar algún a(e)fecto personal.

2.) *Desenrrollar con cuidado la banda amarilla.*
Formar un círculo de veinticinco metros
partiendo del epicentro del crimen.

3.) *Acceso restringido.*

4.) *Desalojar curiosos.*

5.) *Registrar accesorios encontrados en el lugar*
del siniestro:
vehículo/ llaves/ placas/ botellas/ bebidas
alcohólicas/ corcholatas y casquillos de arma
aún desconocida.

6.) *Trazar una línea alrededor de los cuerpos y objetos*
con una tiza o gis blanco.

7.) *Cualquier evidencia*
(huellas, manchas hemáticas o fluidos corporales)
se desvanecerá bajo una lluvia bíblica.

Manual of Best Practices at a Crime Scene

1.) Please do not touch the victim
   or leave any personal a(e)ffects at the scene.

2.) Carefully unroll the yellow tape.
   Make a circle around the scene,
   80 feet from the epicenter.

3.) Restrict access.

4.) Clear out nosy onlookers.

5.) Record items found at the scene
   of the incident:
   vehicle / keys / license plates/ bottles / alcoholic
   beverages / bottle caps and bullet casings
   from an as yet unknown weapon.

6.) Use white chalk to draw a line around bodies and objects.

7.) Any evidence
   (fingerprints, blood stains, bodily fluids)
   will vanish in a biblical rain.

The Black Dahlia

Hollywood queda muy lejos de los coleccionistas de identidades. Una mañana en la Av. Norton, L.A., se encuentra el maniquí destrozado de una mujer de tez blanca, cabello azabache y ojos del color de los lagos del Ártico. Desparpajada, en un lote baldío, con las manos arriba como asaltada por el cielo, cortada a la altura del torso cual revista de modas. Lleva la sonrisa maquillada con una navaja, de oreja a oreja. Un tatuaje en su muslo izquierdo, una flor negra extraída en forma de triángulo e introducida en su vagina. The Black Dahlia, *Elizabeth Short, tenía veintidós años, originaria de Boston, Massachusetts, actriz de películas de «serie B», fue aclamada por los medios locales por su belleza, el luto en su vestimenta y su sed de luz y escenario. Hubo quienes, amontonados por incriminarse, afirmaron cada uno ser el que la había tirado al fin a la fama, el que alteró y colocó su rostro y cuerpo con dedicada estética.*

A la Dahlia *pudo morirla cualquiera, excepto el anonimato.*

The Black Dahlia

Hollywood is far from the identity collectors. One morning, on Norton Ave. in Los Angeles, someone finds the wrecked mannequin of a woman. She has a dark complexion, jet-black hair, and eyes the color of Arctic lakes. She's been dumped in a vacant lot, her hands in the air as if Heaven were attacking, her body sliced in half at the waist as in a fashion magazine. The smile on her face was painted there by a razor, from ear to ear. The tattoo of a black flower on her left thigh has been cut from her leg, leaving a triangular shape, and inserted into her sex. *The Black Dahlia*, Elizabeth Short, was twenty-two and originally from Boston, Massachusetts. She acted in "B" movies. Local media outlets applauded her beauty, the way she dressed as if mourning, and her thirst for lights and action. Many stepped up to confess, each claiming to have put an end to her fame, to have made up her face and body with such a delicate aesthetic.

Anyone could have killed the *Dahlia*, anyone except anonymity.

Desciende una más por el desfiladero

En el florero yace una tarde podrida en el Sena. El estío resguarda la corriente de cadáveres. Entre los lirios brota un rostro con un par de orquídeas. Lleva la intimidad expuesta a la sombra del rocío, brisa de lunares al viento. La de aquel rostro aún tiene olor a felina, el cuerpo sin mácula. Quisiera creerlo así.

Another One Descends into the Gorge

Here lies, in this flower jar, an afternoon turned putrid on the Seine. Summer shelters the current of cadavers. Among the lilies a face and a pair of orchids blossom. It takes on an intimacy exposed to the shadow of dew drops, a breeze of moles and birthmarks carried by the wind. The one with that face still has a feline scent, her body without a blemish. Or so I would like to believe.

Mariposa extraviada

A Valeria Reyes

Entramos a una tienda. Había hilos de colores brillantes y yo los veía bordarse entre sí. Le dije: «Quiero tejer un conejo». «No puedes hacerlo. Tú nada más las alas; lo pincharías y moriría desangrado. Serás la bordadora. Detrás de la cortina cambiarás tu traje, una mujer te maquillará y seguirás sonriendo». No me gusta cómo mira mis alas, si intenta vestirme tendrá que arrancarlas y moriré desangrada. «Sabes bien que las hadas se vuelven insectos y que son inmortales, no discutas y vámonos». Le pregunté su nombre. Dijo: «Soy Salvador, El Salvador, como el país». Él tenía el rostro de aquellos que lo saben todo. Me tomó la mano, caminamos; no sé de historias donde, en cabañas, el leñador o la abuela son devorados. Para mí, en la moraleja hay un árbol de hilos que borda pájaros y hojas.

Lost Butterfly

To Valeria Reyes

We go into a store. Inside are brightly colored threads; I watch them knit themselves together. "I want to sow a rabbit," I tell the shopkeeper. "You can't. Nothing but wings for you. You'd prick a rabbit with your needles and it would bleed to death. You will be the embroiderer. You'll change your costume behind this curtain; then a woman will apply your makeup while you continue smiling." I don't like the way he's looking at my wings—if he tries to dress me, he'll have to tear them off and then I'll bleed to death. "You know very well fairies turn into insects and are immortal; don't argue and let's go." I asked him his name. "I'm Salvador," he said, "*El Salvador*, 'The Savior,' like the country." He had the face of one who knows everything. He took me by the hand, and we went; I don't know about those stories where the woodcutter or the grandmother is devoured in a cottage. For me, the moral includes a thread tree that embroiders birds and leaves.

A Quien Corresponda:

Lo sentimos pero no encontramos en nuestros archivos la vida que usted extravío y que aún se empeña en llamar suya.

Reciba un cordial saludo.
-ISMAEL VELÁZQUEZ JUÁREZ

Estimado consumidor: como es de su conocimiento, nuestra empresa ha refrendado por décadas su confianza, al alimentarlo a Ud. y a los suyos con los más altos índices de calidad en nuestros productos, basados en estándares de alimentación y control nutricional para brindarle una vida saludable. En gran medida, nuestra labor social ha consistido en cuidar de su bienestar y en elevar su calidad de vida. Es por ello que, atendiendo a sus continuas peticiones, de ninguna manera, como sucede en otros países, colocaremos la fotografía de su familiar desaparecido (con un destello virginal en el rostro y una sonrisa inocente, ignorando que su cuerpo sería saqueado y, en mejores casos, utilizado para la trata de personas) en nuestros cartones de leche y en sus derivados. Además de romper con la estética del diseño del producto, atenta contra la moral de nuestros consumidores, pues ni el sueño logra borrarles la imagen de aquellos retratos en el fondo del vaso de leche que beben antes de ir a la cama.

Cada uno de nuestros productos es fruto de años de cuidado, formación preferencial en el extranjero y resultado de una amplia investigación científica,

To Whom It May Concern:

*We're sorry but we've checked our files
and can't find the life you lost and still
insist on calling your own.*

Kind regards,
-ISMAEL VELÁZQUEZ JUÁREZ

Dear consumer: As you are aware, our company has for decades earned your trust by providing you and your loved ones with the highest quality, most nutritious food products possible, as per industry standards, so you can enjoy a healthy life. Our contribution to society has, in large part, involved attending to your well-being and thus improving your quality of life. Therefore, despite your repeated requests and even if this is done in other countries, we will by no means print the photo of your missing relative (with a virginal twinkle in her eyes and an innocent smile because she does not yet know her body will be pillaged and, in the best-case scenario, used in human trafficking) on our milk cartons or on similar products. In addition to destroying the aesthetic of our product designs, doing so would also be devastating to consumer morale given that not even sleep can erase the memory of these images at the bottom of a bedtime glass of milk.

Years of careful attention and care have gone into the branding of all our products; they are the result of a privileged education abroad coupled with extensive scientific research,

es decir, hijos pródigos que Ud. ha adoptado al permitirles entrar en su hogar y ser un miembro más de los suyos. Recordará lo antinatural que resulta a un padre enterrar a un hijo –si es que el cuerpo fue encontrado– y, a riesgo de poner en peligro la seguridad e integridad de nuestra familia de insumos, ventas, líneas de producción, distribución y marketing, nos reservamos el derecho al silencio cómplice del delito, en pos de salvaguardar a los nuestros y a la empresa que orgullosamente también le pertenece.

Nos unimos fraternalmente a su pérdida. No resta más que la aceptación. Deseando su pronta recuperación ante los avatares que, no sin amargo descaro, una tal andariega tiene reservados para cada uno.

Good Life, Good Food agradece su comprensión y preferencia.

México, D.F., octubre 23 de 2014

that is, they are the prodigal sons and daughters to whom you have opened your home and allowed to stay there, as if they were another member of your own family. You may consider how unnatural it is for a parent to bury a child, if indeed the body is ever found, and so, at the risk of jeopardizing the safety and integrity of our family of supply chains, sales, production lines, distribution centers, and marketing campaigns—we reserve the right to maintain complicit silence regarding this crime and thus further safeguard our family of associates who proudly form a part of this enterprise.

We share your loss in a familial way. Nothing remains but to accept it. We wish you a speedy recovery in light of the trials and tribulations that await you and which, not without bitter impertinence, are in store for every one of us on this journey.

Good Life, Good Food, and thank you for your understanding and for choosing our products.

México, D.F., October, 23 2014.

Querétaro, isla de salamandras azules

Al son del huapango

Allá pa' la Sierra Gorda
de la tierra huapango y son
donde hasta la pena baila
con la desaparición

Confunden a las familias
con falsas señas y evasión

¡Ay! De las voces que piden
cuando hay silencio cantar
Han olvidado los nombres
de aquellos que amaban más
cada que los pronunciaban
quedaban sin articular

Secuestrada está la rima
no volverán a cantar
Hoy ni la muerte les llega
por no saberla invocar

Han apagado las velas
no hay cruces para el altar

Querétaro, Island of Blue Salamanders

To the tune of a huapango

O'er there —in the Sierra Gorda
    where even sorrows dance
in the land of huapango and son
    with each new disappearance

They baffle the families of the missing
    with evasion and false clues
Oh! Woe be the voices calling
    when silence sings the blues

They've forgotten the names now
    of those they loved the most,
for even if they say them
    no one can revive a ghost

This rhythm has been kidnapped
    and never more will they sing
not even death can reach them
    as their corpses continue churning

They blow: candles flicker then falter
    and no crosses remain for this altar.

María Teresa Muro

Acribillada en los vientos de fronda.
-RAMÓN LÓPEZ VELARDE

La fronda en el desierto es sólo un espejismo donde se detiene el aire en la mutilación de la metralla. Al medio día, en plena Avenida Ramón López Velarde (Zacatecas, Centro) muere acribillada María Teresa Muro. Subía a la camioneta a sus hijas y, al dar la vuelta para conducir, dos motociclistas con máscara de calavera; el segundo dispara. En el callejón del Barro, a la custodia vigía desde el Hotel Howard Johnson le gritaron: «¡Para que vean que sí podemos!» En una zona universitaria y de comercio sonaron los disparos. A partir de nueve milímetros y de siete casquillos percutidos devino la fuga. Comercio cerrado, zona despejada, alguien resguardó a las niñas en un restaurante cercano.

María Teresa yacía tendida en el piso. Al tiempo en que pedía ayuda, preguntaba: «¿Por qué a mí?» Salían las niñas, de 6 y 8 años del Colegio Piaget. María Teresa trabajaba en una empresa de bienes raíces. Poseía la extraña virtud, o condición, de involucrarse con las personas correctas, al mando. Tenía nexos con Tránsito, desposó a un policía. Fue candidata a Regidora. Sin ser el poder su aspiración, era su insignia. «Mujer de aguzada vista», dicen, miraba como águila con sigilo por el retrovisor; jamás se acompañó de una escolta. Dicen que fue educada en colegios y en universidades en el extranjero para que sus zapatos arrastraran el eco de sus pasos.

María Teresa Muro

Riddled by the frond winds.
-RAMÓN LÓPEZ VELARDE

Desert foliage is nothing more than a mirage where the air is detained by *mutilating shrapnel*. At noon on Avenida Ramón López Velarde in the Zacatecas city center María Teresa Muro died, her body riddled by a shower of bullets. She had just gotten her daughters into the truck and, as she turned to start driving, motorcyclists wearing skeleton masks drove up. The second rider started firing. In the Callejón del Barro, from the safety of their lookout at the Howard Johnson Hotel, they shouted to her: "This is so everyone can see we can!" The shots rang out in a shopping district near the university. Nine millimeters and seven shell casings later, they make their getaway. Deal closed; area cleared; someone shepherded the girls to safety at a nearby restaurant.

María Teresa lay sprawled on the ground. She begged for help, at the same time asking, "Why me?" Her girls, age 6 and 8, attended the Colegio Piaget and had just gotten out of school. María Teresa worked at a real estate agency. She had an uncanny knack for always being associated with the right people and having them at her command. She had married a police official, had ties to the Transit Department, and was a candidate for the city council. Though power was not her aspiration, it was her brand. "A woman of keen vision," they said. Stealthy as an eagle, she kept her eyes on the rearview mirror and was never accompanied by a bodyguard. They say she had studied at foreign schools and universities, so that their shoes echoed in her footsteps.

Dicen que rentó propiedades a prestigiados sicarios del norte. Mujer poderosa, cultivada, de fuero perpetuo e influyente, gritaba tendida en el piso, cuestionando al viento de fronda antes de morir: «¿Por qué a mí?»

They say she rented properties to well-known hitmen from the north. A powerful, cultured woman of privileged and influential jurisdiction, lay screaming on the ground. And before she died, she asked the frond winds, "Why me?"

La dama de hielo

El criminal no hace la belleza;
él mismo es la auténtica belleza.
-JEAN-PAUL SARTRE

Cuando Estíbliz rellenó las cubetas de helado con los fragmentos del cadáver de su pareja, las colocó en un refrigerador del sótano de la heladería. Se miró al espejo, paseó su lengua por los labios, los mordió preguntándose cuál sería el sabor de la semana. Con el préstamo que recibió de su último amante había remodelado el negocio. No podía dejarlo ahora. Mientras, el sótano trocaba una colección de restos humanos, discusiones, un pasaporte con nacionalidad mexicana–española, una pistola, una sierra eléctrica, fotografías, una deuda por diez mil euros con el primer amante asesinado, la huída de Viena a Italia.

Estíbaliz, nombre cuyo origen vasco significa dulzura, «mujer de miel», gustaba de conquistar, seducir. Nada en ella daba indicios de sufrir ataques de ira o poseer un comportamiento feroz. Estíbaliz Carranza recuerda en tanto a Erzébet Báthory, la condesa sangrienta, en lo profundo e inanimado en sus ojos que sólo avivan su fuego al mirar morir. La melancolía de Saturno y la ira guerrera de Marte. Algo en su rostro evoca el perfil de insania de la condesa húngara. La primera tortura que Erzébet realizó de una doncella por haber cometido una peccata minuta fue la de desnudarla y dejarla atada a un árbol cubierta

The Ice Lady

The criminal does not make beauty,
he himself is raw beauty.
-JEAN-PAUL SARTRE

After Estíbliz filled the ice cream containers with slivers of her partner's body, she stuck them in the basement freezer of her ice cream parlor. She studied herself in the mirror, ran her tongue over her lips, and bit them, wondering what the flavor of the week would be. She had remodeled the business thanks to a loan from her last lover. She couldn't leave him now. Meanwhile, the basement had turned into a collection of human remains. There had been arguments, a passport with dual Mexican-Spanish citizenship, a gun, an electric saw, photographs, the ten thousand euros she had owed her first murdered lover, her escape from Vienna to Italy.

Estíbaliz, a name of Basque origin meaning sweetness, "honey woman," liked to seduce and conquer. Nothing about her demeanor suggested she was given to fits of rage or had a fierce disposition. Yet Estíbaliz Carranza brings to mind Erzébet Báthory, the bloody countess, in that her deep and inanimate eyes only leap with flames when she witnesses a death. Saturn's melancholy and Mars' warlike wrath. Estíbaliz's face in some ways resembles the Hungarian countess' profile of insanity. Erzébet's first act as a torturer was carried out on a young woman who'd made a trivial mistake: the countess undressed her and left

de hormigas y miel.

Durante seis años Erzébet asesinó a seiscientas cincuenta doncellas en los sótanos de su castillo medieval en Csejthe. Un ejemplar traído de Nuremberg habitaba en aquel submundo: al activarse un mecanismo, la Virgen de Hierro abría los ojos, sonreía, de sus senos brotaban pinchos de acero y, con un abrazo, prendaba a su víctima. El cuerpo de la «autómata» asemeja un féretro vertical –sexualmente alusivo– tapizado por dentro como mandíbula acerada, de succión lenta y letal.

Erzébet Báthory ignoró de qué se le acusaba, apeló su libertad absoluta de mujer noble y murió enclaustrada en su castillo, alejada de todos. Estíbaliz huyó de Viena y fue aprehendida en Italia. La dama de hielo, Goidsargi Estíbaliz Carranza, culpable de doble homicidio, fue condenada a cadena perpetua. La diagnosticaron con grave trastorno de personalidad al ser internada en un centro para criminales con desequilibrio mental. Sueña con el hijo que podrá ver cuando él cumpla los tres años de edad, corriendo por los sótanos de la nevería congelando soldaditos de plomo.

her tied to a tree, covered with ants and honey.

In six years, Erzébet murdered six hundred and fifty young women in the basement of her medieval castle in Csejthe. An item brought to Nuremberg once occupied that underworld: When a mechanism was activated, the Iron Maiden smiled, steel spikes sprouted from her breasts as she seized a victim in her embrace. The body of the "automaton" resembles a (sexually allusive) coffin, upholstered with steel jaws that bite with a slow and lethal suction.

Trusting her absolute freedom as a noblewoman, Erzébet Báthory ignored the accusations against her and died cloistered in her castle, shut away from the world. Estíbaliz fled Vienna and was apprehended in Italy. The Ice Lady, Goidsargi Estíbaliz Carranza, was found guilty of double homicide and sentenced to life in prison. She was diagnosed with a severe personality disorder and committed to a center for mentally unstable criminals. Today she dreams of her son, who she will be able to see when he turns three. She imagines him running through the basement of the ice cream parlor, freezing tiny lead soldiers.

Cadáver textual
Textual Cadaver

Lo que queremos decir y no podemos
lo cubrimos con un manto azul y transparente...
donde el silencio dice su verdad
y pudre poco a poco nuestra lengua.

-Eduardo Chirinos

We cover what we wish to say—and can't
with a transparent blue cloak ...
where silence speaks its truth
and little by little our tongue rots.

-Eduardo Chirinos

Cadáver textual

un nombre

apenas legible
desprendido
ahora en la voz de otra mujer
el que debería colgar de una etiqueta
en mi dedo gordo del pie derecho
ilegible

rechinan los dientes
desaparecidas letras en cada abecedario

Textual Cadaver

a name

barely legible
detached now
inside another woman's voice
a name that should attach a tag
to the big toe of the right foot
illegible

grinding of teeth
letters disappearing from every alphabet

contracción en muslos

brazos
dedos (unos cuantos)
nada es mío
que no me suelte esta lengua

ella desea el gesto de las letras carcomidas

mi voz
mi descarnada voz

a contraction in the thighs

arms
fingers (several of them)
nothing is mine
unless it loosens this tongue

she wants the gesture of gnawed letters

my voice
my emaciated voice

desgajar apenas los labios para preguntar

¿quién desnombra
desmaquilla
deshoja
descompone?

aquí
yace descosida por dentro
mi hebra

a destajo
¿qué hicieron de nuestra lengua?
las que descienden a vernos
la traen palpando este silencio agujereado
por cuerpos que a su voz llaman

lips barely split to ask

who unnames?
who defoliates?
erases the makeup?
decomposes?

here
lies my thread,
unstitched on the inside

coming undone
what have they done with our tongue?
the women who descend to see us
bring with them
this palpitating silence
pierced with holes
by bodies that call out to her voice

aquí yace de pie

una de tantas desentrañadas

todo nombre
un cuerpo
cada cuerpo
lenguaje
materia
cadáver textual

nos desterraron el nombre
para desechar la lengua

here lies, standing stiff,

one of the many who have unraveled

every name
a body
every body
a language
all matter
is a textual corpse

they unroot our name
and discard the tongue

Ese cuerpo no soy
I Am Not That Body

CUANDO LA NOCHE BOSTEZA
hay en su boca hileras de dientes
que penetran cada hueso de la tierra

WHEN THE NIGHT YAWNS
there are rows of teeth in its mouth
that pierce every bone in the earth

CUBRE MI BOCA LA VIOLENCIA DE UN PAÑUELO
BLANCO
no grito
no respiro
todos mis recuerdos perderán su lengua
seré otra
idéntica a la voz que ya jamás reconocí

grito para despertar en otro sueño
pero el sueño es extravío

THE VIOLENCE OF A WHITE HANDKERCHIEF
COVERS MY MOUTH
I don't scream
I don't breathe
all my memories
will lose their tongue
I will become another,
identical to the voice I never recognized

I scream to wake up in another dream
but the dream has gone missing

POR LA CALLE VEÍAS EL CHARCO DE SANGRE
bajo la puerta
mientras caminabas
antes de levantar los cuerpos
ya saben quiénes fueron
uno recibe la llamada:
«Las dejamos tumbadas en el borde
y cuando llegues
ya sabes qué hacer»

YOU SAW THE POOL OF BLOOD
on the street
in the doorway
as you were out walking
before the bodies were carried away
they already know
who was responsible
the call comes in:
We left them lying by the side of the road
and when you get there—
you know what to do

LA QUINCEAÑERA
enterrada en el desierto
en ceremonia comunitaria
tomadas de la mano las mujeres recuerdan
a otras jovencitas
que habitan el cielo pintado de rosa
con una cruz enlutada

THE QUINCEAÑERA,
buried in the desert at 15
at a community ceremony—
the women hold hands, remembering
the other girls
who live in a sky
painted pink
by a cross decked in mourning

SANTA MARÍA MADRE RUEGA POR ELLAS
y por nosotras
aquí no hay nadie
ni Dios que mire
en el séptimo día
con sus manos cuervo
sacó sus ojos
danos paz

SANTA MARÍA MADRE, PRAY FOR THEM
and for us,
here no one
is watching, not even God—
on the seventh day
with his crow hands
he plucked out his eyes
give us peace

EL CAMPOSANTO ESTÁ RODEADO DE SIGNOS:
sin cruces
flores
ni plegarias entre la basura
al epitafio lo acompaña
una hija de Dios
no
identificada

THE CEMETERY IS SURROUNDED BY SIGNS:
no crosses
no flowers
no prayers lying scattered in the trash
the epitaph accompanied
by another daughter of God
unidentified

CONFUNDIERON A MI FAMILIA
con un cráneo sin orejas
sin nariz
ni labios para decir

madre
padre
ese cuerpo
no soy

THEY BAFFLED MY FAMILY
with a skull that had no ears
no nose
no lips to say

> *mother*
> *father*
> *I am not*
> *that body*

About the Author

Verónica González Arredondo (Guanajuato, Mexico) holds a PhD in Arts from the Universidad de Guanajuato and a Master's in Philosophy from the Universidad de Zacatecas. She has received several prestigious Latin American literary awards, including Mexico's National Ramón López Velarde Prize in Poetry/Premio Nacional de Poesía "Ramón López Velarde," for her book of poems *Ese cuerpo no soy/I Am Not That Body* (Universidad Autónoma de Zacatecas, 2015) as well as the Dolores Castro Prize /Premio Dolores Castro, an annual prize awarded to a woman writing exceptional and socially conscious work in Spanish, for her book *Verde Fuegos de Espíritus/Green Fires of the Spirits* (Ayuntamiento de Aguascalientes, 2014). *Voracidad, grito y belleza animal/Voraciousness, Screams and Animal Beauty*, a book of essays, was also published by Universidad Autónoma de Zacatecas in 2014. Verónica González Arredondo's books of verse have previously been translated into, and published in, French and Portuguese. From 2017-2018 she held a FONCA fellowship for younger artists through the Fondo Nacional para la Culturas y las Artes/National Fund for Arts and Culture.

About the Translator

Allison A. deFreese is conference chair for the Oregon Society of Translators and Interpreters. Her books of verse include *Nurdles and Other Poems* (2022) and *The Night with James Dean and Other Prose Poems* (winner of Cathexis Northwest Press' 2022 Chapbook Competition). Her translation of a short sample from Verónica González Arredondo's book *I Am Not That Body* won Pub House Books' International Chapbook Competition (Montreal) in 2020, while her translation of González Arredondo's *Green Fires of the Spirits* was recipient of an NEA Literature Translation grant and published as a bilingual edition by the Benemérita Universidad Autónoma de Puebla's University Press (Libros BUAP, Puebla, Mexico) in 2022. Her translations of Verónica González Arredondo's work also appear in *Arkana*, *Arkansas International*, *Copper Nickel*, and *Plume*.

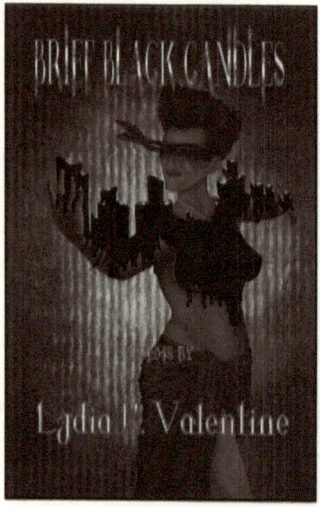

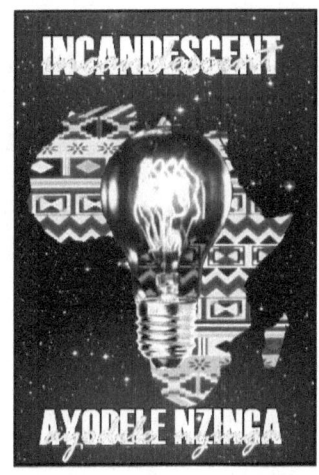

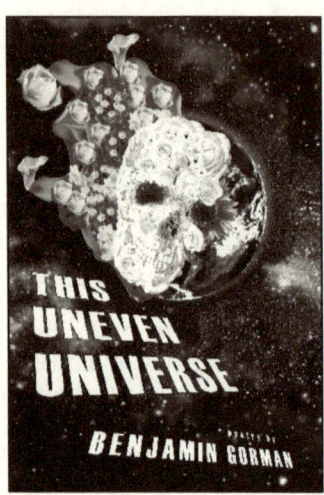

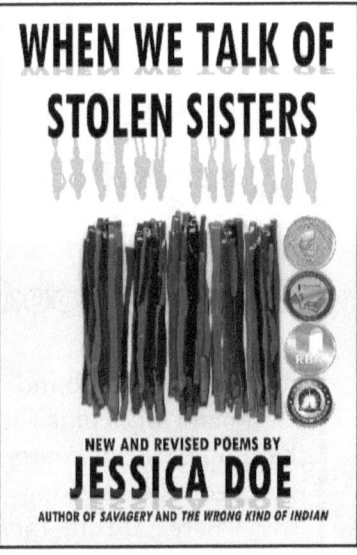

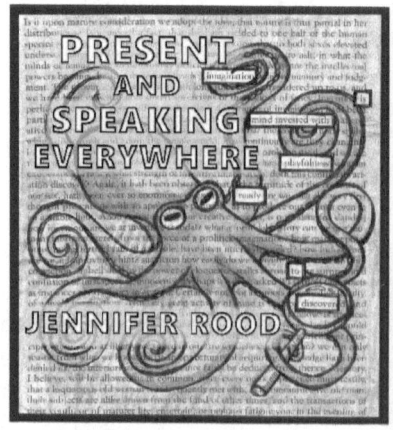

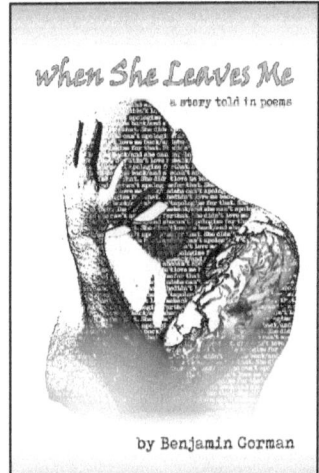